- Este cuaderno es mi anuario.

- Todos los años, mamá nos mide.
- Ponte de pie al lado de la pared. Muy bien.

- Después, escribo en mi anuario mi edad y mi altura y dibujo la silueta de mi mano.

Tengo siete años
Mido 1,22 metros

Tengo ocho años
Mido 1,28 metros

3

- ¿Qué haces?
- Medir la cabeza del abuelo.
  54 centímetros.

- Quiero una boina. Vamos a
una sombrerería.

- Buenos días, quiero una boina.
- ¿De qué talla?
- Grande.

- ¿Cuántas boinas hay dentro de esas cajas?
- Muchas. De diferentes tallas.

- ¿¡Hay tallas de sombrero!?
- Claro. Puedes ser alto o bajo, gordo o delgado.
  Y puedes tener la cabeza grande o pequeña.
- ¡Ah!

- ¿Algo más?
- Ana, ¿te gusta algún sombrero? ¿Quieres uno?
- Me gusta el que está debajo del sombrero blanco.

- Es un *chuyo*, un gorro peruano con orejas.

- ¿Puedo medirte la cabeza?
  48 centímetros, talla muy
  pequeña.

- ¡Hola, mamá! ¿Qué hay para cenar?
- Hola, Ana. Hay pescado.
  ¡Qué guapa estás con ese gorro!

- No me gusta el pescado.
- ¿Cuántas patatas quieres, Ana?
- ¡Muchas!

- ¿Qué quieres de beber?
- Zumo.

– ¿Quieres, Colega?
Toma, ¡come!

- Papá, ¿sabes dónde está mi anuario?
- Dentro de ese cajón.